Stilwees

Heleen Malherbe

Outeur Heleen Malherbe
Voorbladontwerp: Heleen Malherbe

Geset in Franklin Gothic Book 11pt

Uitgegee en gedruk deur
Malherbe Uitgewers

Voorwoord

Stilwees is nie nog net 'n digbundel met gedigte nie, dit vertel my pad met vrede, die stilword in my binnekring. Ek is 'n baie emosionele mens en kan met woorde my emosies soveel beter uitbeeld. Almal van of ons of tenminste 90% van alle mense gaan deur moeilike tye, party van ons werk daardeur deur gedigte te skryf.

In die bundel moet ek die stilwees in my binnekring weer soek. Vrede het ek gemaak in my digbundel Slotsom waar ek die slotsom van my lewe bepaal deur my lewe uit te beeld deur gedigte. Fun-tasie is 'n ligte bundel waar ek 'n uitgedaag is om in vyf-en-sestig dae die lewe deur my oë weer te gee, selfspot en selfs te spot met die ouderdom.

In Stilwees plaas ek die stilwees weer terug in my, ek leef in die nag en daarom is baie van my gedigte 'n verpersoonliking van die maan, sterre en son. Ek glo daarin dat wanneer jy jou oë vir die laaste maal sluit, jy stil moet wees voor die groot Heelal.

ek gee jou my woorde
waarin ons speel en baljaar
ek bied jou 'n stilwees
wat jy in jou hart kan bewaar

~O~

soms
verlaat nie-gesproke woorde my gedagtes
woorde wat dwaal in die nag
vertel van my lewe snags op die maan
waar ek droom
hoop en lief het

wat die dag nooit sien nie
sterre is my getuies
van wat kon wees

maar dis die maan
met wie ek my lewe deel

~O~

soms, selfs baiekeer
loop ek langs my ou spore terug
volg ek elke spoor en
elke tree afgelê
party loop met verdwaal
ander met verlatenheid
selfs met trane, lag en seer

maar?

wat my so opval
is die leë spasies tussenin
waar spore van hoop 'n leemte los
maar ek het geleer
die hoop
die hoop beskaam
nooit nie mos?

~O~

vanaand
ja vanaand is die nag net 'n asem
wat met elke tree my mure beset
selfs my vensters toeplak met wasem
en my deure met slotte sluit
dis my afspraak met middernag
as die stilte oopbek skree

vanaand
ja vanaand is die nagkoelte
my beste vriend
waar die lewe se huil nie meer
vasklou aan my plafon

vanaand
ja vanaand is dit ek en genade
wat ons praat moet praat
met net die nag teenwoordig
as ek in die maan se arms skuil
wat my elke denke ken

~O~

skemer vou soos 'n fyn bruidsluier om my
waar die onthou oop en bloot
in my kaal hande lê

dit bruis en borrel...
as die onthou soos diamantjies
uit die dieptes van my hart beur
en oopbars sodat dit versplinter
in my hart lê

my knieë die roep my
en ek smeek

Heer
laat die onthou
al my gisters heel

~O~

die son se laaste strale
strooi 'n sagte geel teen die weste
dit beeld daar my menswees uit

ek sukkel om uit my beeld te klim
met die yl-maantjie wat grynslag
en my ontsenu teen die gryse blou

met dowwe oë
sien ek my eie beeld
sien die tekens van die tyd
ek moet my lewe omswaai

soos die sonsondergang verander
van 'n sagte geel na 'n vuur-rooi-hemel

en skielik wonder ek
is dit hoe die dood sal kom?

~O~

die lewe gaan so snel verby
elke dag het die lewe ons beet
swaar tye
goeie tye
krisis tye
dis hoe ek van die lewe weet

so baie keer word geleer
stap die lewe padlangs aan
van lente tot die najaarstyd
lê ons almal se spore saam

langs my lewenspad lê baie rondgestrooi
tog sing ek saam:
finder's keepers
loser's weepers
tot by die finale punt
waar ek afbuk vir 'n handvol stof

maar tog iewers
langs die pad
lê 'n handvol droë blare
rondgestrooi deur die wind
ek, die soeker na 'n môre
wat nooit geluk sal vind

~O~

deur die jare het ek geloop
my spore wyd verspreid
my jeug was so onseker
wild en somtyds stout

soos die jare aanstap
het my lewe bedaar
die tyd het my geleer
my Vader is altyd daar

vandag is my hare silwer
my gesig ongestryk
met dankbaarheid weet ek
die ouderdom maak my ryk

my dankbaarheid ken geen perke
en is altyd daar
as ek onse Heer dank
vir al my lewe se loop
en Sy mildelike seën

~O~

Die horlosie teen my muur
tik-tok op vergane beelde
wat eenmaal so deel van my was
dit roep 'n samesyn wat vergete al moes rus

soms draai dit rond in my denke
en kry ek dit nie reg om dit weg te stoot
tog kan ek nie dit help
om net vergeet-my-nie te onthou

terwyl die skadu's daal
word die onthou net nog n refrein
van die eenmaal lank vergete

die lank vergane verlede
wat net soms herhaal

~O~

vanaand is die see in my hart
waar branders breek oor my diepste wese
my skoon spoel en weerloos laat
voor 'n keuse wat voor my staan

sal die pad my wys
of sal die swart deurbreek
en my laat ys

maar tog

'n nuwe begin maak jou hart skoon
sal ek weereens sien
wat die pad my wil wys?

~O~

daglig met haar geelkombers
het uit die nag opgestaan
mandjies vol lag gesteel
en aan die mens uitgedeel

what a beautiful noise
sing Neil Diamond voort
die gees word opgehelder
en almal lag vreesloos

dan... kom die donkernag
met sy donker gees
my maan het gaan wegkruip
uit blote vrees

sterre is skaam
steek hulle liggies weg
die Melkweg is verlore
want die maan kruip weg

ek staan alleen
met die wolf se huil
donkermaan het wel sy vrese
maar ek gaan nie skuil

~O~

Heer, ek kan nie slaap nie
vanaand lê ek met my hart oop
my hande gevou
dink ek terug aan die jare
die-eens-op- 'n-tyd-onthou

die bosveld met sy helder lug
waar ek so vry kon asemhaal
die bobbejaan se eggo
hoog teen 'n krans
'n blou-sysie se pikante pik
'n erdvark-tong
in die mier se nes

maar Here ek onthou
U goedheid en grootsheid
wat al my jare vul
van my eerste gebedjie
Here Jesus, ek is 'n kindjie klein
maak my hartjie rein

en vandag kan ek net bid
laat U wil geskied
o Heer
lei my na U lig

~O~

die maan hang silwer
en hou soveel beloftes in
waar ek langs die Matlabas sit
onder die wye bosveldnag
kransberge staan brandwag
en glimlag lekker breed
waar die nag my vasgryp
terwyl die sterre encore skree

dis 'n plek vol ruimte
waar ek vry kan asemhaal
as die hemel my toelaat
om my gedagtes te laat gaan

die bosveld is 'n plek vol beloftes
vir my, as 'n vrygeeskind
daar dans ek met my verse
op die bosveld se wind

~O~

vanoggend
met my tiekie se koffie in die hand
soek ek die dag se speelplek
daar waar seisoene saamspeel

lente met 'n briesie wat my soen
herfs wat nog 'n laaste blaartjie steel
winter met sy koue vingers, my 'n laaste knyp gee

somer, son en saffier
bars net daar oop
met goudgeel sonstrale
wat jou liefkoos en streel

wat is ek dan
met 'n tiekie se koffie in my hand
om saam te kan speel in die dag se spel
soms wil ek my wens in die grond oopkrap

of moet ek net stilwees
en wag...

~O~

soms, tog so baie keer
as ek in die nag se asem leef
en rympatrone met my speel
gly ek deur die droomwêreld van
een keer baie lank geleë
was ek deel van 'n feëverhaal

beleef ek die bos met hansie-en-grietjie
wat uitgelewer is aan die heks
sneeuwitjie en die sewe dwergies
en eet ek die gifappel met smaak
want anderkant die gifverhaal
is die mooi van ontwaak

eet ek my pap
(nogal oats)
wat mamma-beer maak (dis eintlik ek)
en val ek neer in 'n sagte bed
net vir grootmense gemaak en...

klim ek die boontjierank
(my gebed)
wat tot aan die hemel raak
ek voel die Hand van my Heer wat my dra

maar nou weet ek van leef
in my eie verhaal
van nou...
glad nie lank geleë

~O~

die middernag is stil
net die kriekies is nog besig
geen motor se toeter
of 'n siel in sig
geen haan wat vir my kraai
so leef ek in my nag se sprokie
die een wat homself herhaal

dis wanneer ek begin soek
na wat ek verloor in die babelse lawaai
die een van hardloop
die een van val
die een van wegkruip
wanneer die skemer daal

en dan kom die wonder
is dit die moeite werd
en altyd antwoord die wonder terug
ja 'n duisendmaal

so glo ek nou in sprokies
die een wat in die nag herhaal
dis net ek en die nag se asem
ja... 'n duisendmaal

~O~

vanaand...
terwyl my woorde
stilswyend teen my plafon dans
en ek naarstiglik soek na uitkoms
breek dit op in halwe hallelujas
en die woorde dans die ritme mis
en ek weet, iewers sit ek die pot mis
want...
woorde wat dans sonder uitkoms
bring net die ou emosies terug
of is dit net die heimwee
wat weer wroeg

wanneer die hallelujas
gebreek terugkom
dis die laaste keer se voel
voor heimwee moet gaan rus
en buig ek my hoof
en prewel deur my lippe

hoeveel ek jou mis

~O~

dit was in daai tyd
toe ek nog in 'n (gekke)paradys geleef het
ons twee (gekke)patroontjies
geteken het op ons harte

in daai tyd toe ek gedink het
liefde bestaan nog
dit was ons nie beskore
jy in jou klein hoekie
en ek in myn'

toe die klankgolf
jou naam uitroep vanuit die hemel
en ek opkyk en jou met my hande groet
jou tyd is jou tyd en ek het agtergebly
jy nie meer in jou klein hoekie...
jy het arendsvlerke gekry

ek groet jou met 'n afskeidstraan
my liefste vriend
in my hart sal jy altyd bly
jy in my klein hoekie
saam met my

~O~

dit was met die breek
van die middernag
wat ek kon delf na woorde
wat wegkruip in my

ek wou nog vertel
ek wou nou praat
toe die stilword
my in twee skeur

waar het die loop
dan 'n baba geword
wat die nag weereens
moet kromrug abba
wat het geword van
die eens-gesproke
te veel gesoebat

van:
thula thula
stil my kind

wat het van jou geword

~O~

ek sou heelnag kon dans op die melodie
van die stilte wat tussen ons lê
ek sou kon vashou aan jou stem
maar die stilte het dié weggeneem

die lewe het ons gekul met jou weggaan
jy is daar in die heilige stilte

en ek moet alleen leef in my stilte

in die onthou van jou

~O~

gisteraand het die hemel
sy gordyn oopgetrek
die lewe se verhoog
was met stoele gedek

ons
akteurs in die nag
het die kans
om ons toneelstuk te wys
toeskouers is die sterre
wat skitter as ons speel

stemme klink vrolik
soms 'n gehuil
die lag is verblydend
en vrolikheid heers
eensaamheid
woede
wraak so soet
maak nie saak watter toneel jy kies

want vanaand as die gordyn sak
leef jy jou eie toneel
sonder die voorgee
wat jy na buite
toe leef

~O~

los vir my 'n stukkie
as die son huiswaarts keer
daardie stukkie amper-hitte
om my siel warm te smee

los vir my 'n stukkie
as die wind rondomtalie waai
daardie stukkie wildheid
wat my weer die vryheid gee

los vir my 'n stukkie
van die sand van die see
daardie troostelose korrels
wat die seer kan heel

los vir my 'n stukkie
van die swart satyn
wat snags snoesig om my vou en my beskerm
teen die dag se afknou

los vir my 'n stukkie van jou
wat ek saam kan dra elke dag
daardie stukkie van jou
wat my hart kan las

los vir my die lewe
as alles om my val
daardie stukkie waaraan ek kan vashou
tot in die hiernamaals
los tog net vir my 'n stukkie... van jou

~O~

my wind waai stil vanaand
so asof daar 'n moegheid neerdaal
die see slaan weer rotse stukkend
die eerbied daarmee heen
die voëls het hul lê gaan kry
terwyl die sekondes omtik

ommekeer is nooit maklik nie
en hartseer raak nooit ligter nie

vanaand onder die wolke
waar geen lig skyn
soek ek my ster
my rigtingwyser terwyl ek fluister

Here
ek is hier...

~O~

die oggend-lug is speels
vrolik en uitbundig
die see se stem liggies
vandag vier ek die lewe

die terugtog in tyd
die terugloop op spore
die mistrap van plassies trane
die rugskuur met woede
die sy-stap van die minder mooi

omhels ek die vrede
lag met vreugde
dans op geluk
vind dit wat my weer mooi maak

die lewe is net 'n split-sekonde
voor jy sonder asem
die hemel ingaan

~O~

jy sê jy het vir my 'n brief geskryf
(nogal 'n minnebrief)
ek lees deur geslote oë
ek hoor jou stem
hees en sensueel

ek ruik jou naskeermiddel
(die een wat vroue laat omkyk)
ek voel jou asem in my nek
die sagte vars bries waarna my lippe soek
jou ferm vel teen my wat rillings uitlok

ek droom oor jou op ons liefdespad
(vol van blommegeur)
iewers 'n vioolklank
en jy styf teen my

jy is voltooi deur 'n laaste kwashaal
(ek dank u mijn heer)
vir nog 'n dagdroom
my ridder op papier

~O~

ek het geleer
van die hand na die mond
val die pap op die grond

ek het geleer
van die arend wat sy vlerk breek
en tussen die hoenders loop

ek het geleer
van jakkals verander van kleur
maar nie van streek

ek het geleer
wysheid kom deur foute maak

maar die grootste les
wat die lewe se loop my kon leer
is dat die lewe
in 'n oogwink kan ommekeer

tog bly ek wonder oor daai
hoekoms en waaroms wat
nooit einde kry

maar my hoop bly in dit waaraan ek glo

~O~

soms
dwing die lewe my
om in die nag se asem te leef
daar waar alles dowwe sketse is
deur 'n vorige dag se leef

en ek in onsekerheid wonder
of die son weer oor die horison sal verrys

soms dwing die lewe my
om weer mens te word
as ek voor opgee se deur omdraai
en my bakhand smekend uitsteek
vir nog 'n kans

~O~

toe die nag sy baadjie oopknoop
en die swart fluweel so oor my loop
voel ek die lewe deur my sny
jare verspil het ek beleef
storms in my lewe oorleef
my siel lê oop en bloot en selfs
bietjie rou voor my
hoe lank nog die beleef
van die lewe se koud wat my
kaalhand vashou

ek het vergewe
sewentig maal sewe keer
deur die lewe se geskommel geleer
met wat laat dit my...

die waarheid is 'n bliksem
ek is net 'n donkie
wat my kop aanhoudend
teen dieselfde klip stamp en maal

die blote waarheid...
maak my donners seer vanaand

~O~

vanaand wil ek eintlik skryf
skryf in die geur van jasmyn
waar die noordwestewind
'n storm oor die see opwoed
bome met eerbied
skeef buig aarde toe

ek skryf vanaand
in 'n kamer vol flakkerende kerslig
ek wil iets vashou vanaand
van die vuur en stilte om my
vashou aan die geur
van die groot wye nag
wat geruisloos om my koepel

ek wil skryf oor die liefde
jou beeld kom staan voor my
en ek wil skryf ja
skryf oor letsels van die liefde
ek wil skryf oor jou
in die geur van bitter-als

~O~

die hartklop van die lewe
roep soos die vêraf klop van 'n drom
elke hartklop
elke asemteug
skuifel ons nader
voel ons die ritme van die drom

dit roep in 'n plek agter wolke
waar gedagtes kronkel om
ons lewensbestaan
stadig klop die dromme
elke dag
elke klop
het sy eie kwota bang

distant drums roep ons
die hartklop van ons bestaan
eendag
sal ons wel moet antwoord
I hear the sound of distant drums...

Hy sal roep en ek sal gaan

~0~

die see lê stil
'n blou spieël vol emosie
die silwerwit-maan
maak hom los van die hemel
sag speel die see waar
swarttand-rotse breëbek glimlag
waar die golfies oopbreek
en hul speels bedek

meteens
roep die wind benoud
'n storm bars oop
water raak opstandig
die seesand loop
die blou spieël word donker
koes vir sy eie blik

met tyd raak dit stil
wind groet die maan
dwarrel weg so skaam
swarttand-rotse kan weer glimlag
vir die golfies wat kom speel

ek...
wat dit gade slaan
buig laag in eerbied neer

~O~

onse Heer
vanoggend staan ek in eerbied
aanskou die nuwe dag
my geelson wat klim
oor die horison se rand
die blommetjies wat oopbreek
as bytjies kom eet
voëltjies wat die oggend begin
deur 'n liedjie saam te sing

hoe groot is U genade
om my woorde te gee
met vreugde sluit ek vandag
my hart se deur oop

om gevul te word
met U daagse woord

~0~

die see hou 'n stille bekoring
waar branders kom en gaan
en in die windstilte aand
speel die see-simfonie saam

silwer misterie van die maanlignag
waar branders klots en lag
luister die lewe na die mooiste
simfonie in die nag

die branders gee applous
die maan neurie saam
sterre skree encore
die kosmos vorm 'n raam

met 'n lae buig
groet die see-simfonie...
daeraad het begin
met strale sonskyn se groet

meteens is daar 'n wilde vreugde
wat oor die aarde heers
as die see se gordyn toeskuif
en die see-simfonie wuif

daglig het kom buig

~O~

Stilte praat in die nag
waar skadubeelde agter my ooglede dans

'n ademlose stilte is vol vibrasies en
onsigbaar broos en ek is bang...
dat elke hartklop dit kan laat flenters val

die stilte speel 'n voorspel
wat in die kersvlamme dans
ek wens die stilte kon praat
my geheue binnedring

ek wil so graag die skadubeelde stilmaak
wat agter my ooglede dans

~O~

die blinde sambok
slaan 'n harde hou
soms val dit op dowe oor
soekend
wroegend
stap ons aan
op leë voete van wanhoop

eenmaal
net eenmaal
sal ons stil bly staan
luister met 'n halwe oor
te laat vir nou...

sal ons om wil draai
op spore van berou

~O~

wanneer bome spookagtig
soos swart gedaantes dans
en die stilte wegspat
deur 'n boemerang-sug
sien ek soveel mense
hul bitterheidsbagasie saamdra
hul lewe eintlik 'n klug

maar tog...

is die lewe vol plesier
'n mallemeule wat in die rondte draai
en ons word dronk van al die plesier

maar dan kom die breekpunt
maar wie
kan voorsien in die noodlot
wie ken...
la for sa del destimo

~O~

vader tyd het sy deel kom doen
sy arms om my vasgedraai
naels in my vlees gehaak
my lewe stadig begin knak

verganklik is ek wel
op pad na die hemel se hart

waar die engele sit en wag
om die naels van die lewe
om my los te haak

~O~

verlore in die woord-hemel
geverf met roos en wit
waar wolke vrolik vry-hang
daar ...
sal jy my kry
waar ek my woorde hang

~O~

die son het toe kom water trek
deur die krake in my mure
en ek het bakhand gestaan en
probeer skep
nog 'n paar stukkies ure

tyd is wel jou baas
en deur vermorste ure
bly jy die klaas

~O~

in die timbre van die skemer
waar die see die land omsoom
drink ek gulsig aan die stilte
en speel ek my eie toneel

ek sien die horison van die verlede
dit trek my stadig in en
meteens kom die besef...
op ou spore loop ek nie terug

die emosie is oorweldigend
as blydskap daaruit straal
met my eens-besef beleef ek
my eie ommeswaai

en staar na die ou spore
wat stippeltjies word en dan...
teen die hemel verdwyn

~O~

lentejare van die lewe
skuif soos leë winterdae heen
smag jy na onvervulde jeugdrome
soos fyn skarrelende druppels reën

elke droom wat weg dwarrel
saam met droë blare en stof
huil saam met die troostelose hartseer
van 'n verdwaalde kind innie bos

nerfaf-seer lê vlak in die oë
wat dolke van spyt jou beloer
waar jy die onsigbare herken
wat eintlik jou binneste is

wanhoopsdrome word gebou
in jou eie denkersparadys
en jy sien gister se drome
wieg weg op gister se onthou

~O~

ek huil
waar die son
sy lied nagwaarts stoot
en die dag in helder kleure treur
waar die horison huil

want dit is 'n aan-hou-lewe
van 'n ver/-le/-de
wat fluister jy/-was/-nie
in my droom/reise

maar vanaand
vanaand is die nag/-se/-maan
net die uitlaatklep
wat my woorde neer-
m/-o/-e/-r oor die aarde

~O~

waar is die gawe van die lewe
as die wind kom draai
honend sy lag kom strooi
die reënboog weier om sy kleur te gee
die aarde draai as jy jou broer verloën
voor die hand wat jou voer
jy 'n brood van steel

en vanaand...

as die stof gaan lê
lag jou masker
van agter 'n dooie deur
maar tog
sal elke tong getuig
en selfs die knie buig
dat die Gawe van die lewe
lê diep
diep binne in jou

~0~

die nag....
het leeg-ge-bloei
omswerwinge van gedagtes
het verander van swart na grys

maar deurentyd was ek bewus
van die son se sukkel
om deur wolkmassas te breek

koue wat kop uitsteek
wat die eens warm hart
tot ysblokkies
w r e e k

~O~

laaste woorde is
net nog 'n goodbye
soos die soet van die bitter aalwyn
waar inklose penne net verwoesting saai
het woorde verdor tot 'n laaste venyn
en pen ek dit neer
met my laaste slukkie wyn

~O~

soms
ja wel baie keer
deel die noodlot
sy troefkaart uit

daardie soeke na wysheid
op 'n anderste manier
die eie beuel blaas
al skreeu dit vals

en dan speel die noodlot
sy laaste kaart
en jy sal weet

karma is nie jou maat

~O~

met soveel wysheid
het rykdom gekom
ryk in onthou
ryk in oudag-stoep-leef
ryk in woorde gee
sodat sou jy als verloor...
daardie dag as jou geheue
'n ander niemandsland aankleef
waar niks en niemand bly

jy niemand meer onthou
net dof-wolke-denke jou lewe beset
wie sal dan onthou
jou rykdom hier
as troebel-dood jou kom neem?

leef ryk in gee
leef ryk in onthou
totdat niemandsland jou insluk
en jy arm van gees
die dood aanskou

~O~

soms
kom speel jou beeld
teen my lewensplafon
die sagkyk in jou oë
wat tot in my binneste kyk
en ek wonder...

verf ek my plafon
vol vergeet-my-nie's
of verf ek 'n hek en slot
om jou uit te hou?

~O~

die nag is rond of wie weet dalk vierkantig
as ek dit afskil
laag-op-laag-op-laag
ek probeer die roet wegskraap
tot net die wit oorbly

om jou daar te kry
jy het gedans op jou weer-verskyn

ek het my hand uitgesteek
om jou dag aan te gryp

weereens het ek die nag afgeskil
soekend...

maar anders as jy
wou ek net deel word
van jou lewe

~O~

middernag se vingers
gryp al hoe nader
as my wêreld stil staan
geen tik-tok-tik-tok van tyd
terwyl my gedagtes teen
die plafon manewales uithaal
dit swaai na hoekom
draai na waarom
en wikkel die
wat as...

want sien
die lewe se loop
is vannag in tru-rat
soos gister se paadjies
oopgetrap word
en die onthou begin opslaan

en ek staan woordeloos
en toekyk
hoe ek vlug
vir die middernag in my

~O~

vanaand plak ek die laaste stukkie
van die legkaart teen die hemel vas
my lewe nou kompleet
en sluit ek nou die hoofstuk af
wat na nêrens lei

ek begin weer 'n nuwe legkaart
van my laaste dae hier op aard'
en stadig bou ek elke letter
vir die nawoord wat ek hier laat

~O~

soms as 'n mens
halfpad hemel toe vassteek
so tussen die oggend en die nag
sien ek my weerkaatsing
in die stilte van my hart

en so in die stilte
besef ek die ruimtes
tussen hemel en aarde
is nie 'n ewigheid nie

die werklikheid is wel
dit is net sekondes wat ons
iewers laat rondhang
tussen is...
was...
en kon gewees

~O~

die maan se boggelrug my lief
laat my hart onreëlmatig klop
elke doef roep jou naam
smag na jou hitte van bakkie-lê

ons saamwees snags
as die poort van liefde open
en ons saam die hemel beleef

die maan se boggelrug my lief
hang neer vanaand
en jy is nie hier

~O~

waarom is die sekelmaan
'n herinnering aan jou
as die nag se hitte nog aan my lyf klou
en die warm lê teen jou heup
die klank van jou asem
die voel van jou ritmiese dy
hande op my heuwels
wat smag na bevry

ek verlang

~O~

onthou jy my lief
dit was lank
lank-lank gelede
toe kaalvoet nog mode was
blomme in die hare en
die beatles nog koning was
die lewe in die paradys
sonder die vyeblaar wat bedek
en die hitte van die liefde
snakkend
ons asem kon bevry

~O~

soms
maak die gecko se skadu teen die muur
sulke gekkepatroontjies
waarin ek verdwaal en
tussen twaalf en vier
gee dit my die fantasie
van waar ek staan
maak my bewus
van die lewe se spel en
van jou hand wat my terughou

ek wil so graag weer
tussen twaalf en vier verdwaal
saam met jou

~O~

sal jy weet van die wrede dans
wat die lewe gee
die ronddwaal tussen gister
en die soeke na vervulling
wat 'n verlore stryd is

sal jy weet
as ek hartsverlange skets
in die wegkyk van jou oë

sal jy weet
as ek 'n poskaart stuur
gevul met 'n liefdeswoord

sal jy dan sien
hoe die kwashale uit jou hemel
my 'n leegkyk gee

~O~

Stiltes vou my toe soos 'n trooskombers
as die reën woordeloos
klik-klak op my sinkdak
rigtingloos loop my gisters
deur die onthou
na ons kleintyd-plaas

geelhoutbos en ons huisie teen die berg
die longdrop buite
met ons almal se boude daarop
en bobbejane se stem
wat eggo's deur die kloof
blink geskrik vir die luiperd
warm op sy spoor

die koolstoof wat versengende hitte terg
die ketel wat liggies sy borrels berg

die stilte...
hemels... so naby God
staan die kransberge groot uitgedos

nederig bid ek...
...Here...
...asseblief...
...maak my weer klein leef

~0~

hoe deel mens wysheid
as ons almal sterflik is
wie kan bepaal waar môre is

die dag is onsigbaar
'n raaisel om te ontleed
miskien selfs 'n katastrofe
as ons klou aan wat ons deel

maar tog met bietjie wysheid
bepaal jy wel jou doel
oor hoe vandag en môre
ook sy deel sal bring

~O~

soms
as die dag se glas leeggeskink is
en die sonbesies nagmusiek gee
is die stilwees
van 'n vriend se woord kosbaarder
as al die saampraat wat mens hoor

soms
as net vingers praat
flitsend oor die bord
is gedagtes wat ons deel
meer werd as enige gesproke woord

~O~

'n verflenterde foto in my sak
'n beeld wat ek nie meer kan onthou
al skommel ek die alfabet
geen naam kom daaruit

tog het ek jou woorde bewaar
in bottels op my rak
somtyds tel ek dit weer
in sente en 'n rand

jou oë het ek bewaar
agter smaragde van glas
en jou stem het gebly
op die grammofoon in my kas

ek wou jou altyd vashou
ek wou jou altyd bewaar
maar die uurglas se sand
het die tyd laat vergaan

trane oor my wang
leer my van verlang
as die nag se gloed
jou naam uit my hart roep

~O~

vanaand
as die noderlig sak
die nag klop op my dak

sing die delicious monster
sy naglied vol duisende
simbale en klokkies
wat geluidloos my nag vul
sy arms uitstoot en my nag omhels

daar staan ek kaal
sonder masker
ek is wie ek is

'n nagloper
'n drentelaar tussen woorde
wat voel hoe die nag se groet

eggo in my hart

~O~

vanoggend wandel die wind
deur my oop venster
speel vir oulaas
woer-woer oor my bed
lig die lakens speel-speel op en
met sy lui asem
sing die wind sy laaste groet
voor dit padvat
na wie weet waar

en ek
bly lê in sy lui asem
smag om ook
na onbekende plekke te waai
woer-woer te speel
en daar te droom
oor wie weet waar

voor ek terugsteier
in die ou-ou bekende
van nou, hier en daar

~O~

vanaand
bid ek in my ma se skoene
knielend voor die bed
praat met haar Here
waar ek pleit in haar stem
laat hierdie beker my ook verbygaan

ek hoor haar stem
biddend, smekend
Here, vergeef my kind
dit was nie met opset
sy bly U kind

vanaand bid ek my ma se gebed
Here, vergeef my asseblief
ek bly net U kind

~O~

die lewe wyd is my fantasie
waar ek woorde langs die pad optel

woorde wat speel
in my fantasie wat leef

deur soveel water en soveel sand
lê my woorde deur die fantasie verpand

wie ken die pyn van die tou-trek-spel
tussen die fantasie en die werklikheid

waar ek in die middernag-uur
my siel leegtap en die werklikheid

my op die twaalfde slag
met venyn plattrek

~O~

soms
as ek struikel oor woorde
nutteloos speel met gedagtes
(soos vandag)
is my oë se kyk weerloos
soos die rimpeling wat klippies
in die water maak

maar soos woorde uitstroom
wil ek dit neersmyt op papier
en as ek weer sukkel met woorde
is dit juis hierdie papier
wat my sal red

want wat as...
is 'n liederlike spook
wat geen ruimte bied vir
mag dit so wees

soms
net soms
struikel ek oor woorde
(soos vandag)

~O~

in die nagstilte
waar ek my siel uitstort in woorde
ontrafel ek my lewe
kyk ek indiepte na my wese

bevry ek my van vrese
voed ek my mensgees
met verlange na gister
wat ek nou agterlaat

kyk ek na vandag
hoe is ek aangeraak
droom ek oor môre
wat my drome waarmaak

in my wese is my mensgees na
die nagstilte, oopgevlek en bevry
nou kan ek asemhaal

want gister
vandag en môre
lê oop en bloot voor my

~O~

vertel my meer
van die wit van die dag
waar swart kraaie krassend
en soekend na die blink bly tas

vertel my meer
van die swart van die nag
waar die wit duif koer-koer
om vrede roep

vertel my meer
van jou hart se verraad

en ek sal jou vertel van vergifnis
sewe x maal x sewentig x keer

want ware vryheid se heerlikheid
is nie te versmaai

~O~

soms
as my palms
die bakkie-maan raak
my stem dit omhels
het ek meer troos
as wat duisend mense
my ooit kan bied

~O~

lank staar ek na die middernagwysers
wat om-en-om dans
die fosfor kleur die nag
waar gemengde gevoelens draai

met elke tik-tik wat my tot raserny dryf
is die drang om in die wysers te klim sterk om self die rat
te draai

en met slaap-loos-heid in my
staar ek na die leë middernag-uur
wat nimmereindigende wysies speel
van tik-tik-tik
weer-en-weer-en-weer

~O~

die nag se stem is 'n stilte
wat deur mure praat
stilte wat eggo en die leemtes vul
as my vensters dof verwaai

dis wanneer die stem my vul
met gee my...
gee my jou daagse brood
selfs 'n vissie vir my nood

en ek gee...
ek gee myself vir woorde

~O~

hande gevou
sit ek soos 'n hotnotsgod
en rig ek ook my bid
tot onse God

so sit ek stil en wag
vir jou haan om te kraai
ek is moeg en leeggesuig
en opgefok deur jou

en soos jou prooi
is ek nou net ook
'n leë dop

~O~

die wind is anners vanaand
dit grou en klou
tot ek bloeiend staan

die wind is goed my lief soos jy altyd sê
maar jy is weggewaai na 'n plek

maar ek verstaan nie

die wind is anners vanaand my lief
dit roep jou terug na my bestaan

~O~

die lang pad van stilte
het die dag saamgebondel
en my spoke gedryf
na die wit wolke

in my brand die begeerte
om woorde los te laat
wat saam met die nagwind
op sy tog kan gaan

luister mooi my lief
as die nagwind om jou waai

luister na die stilte
dis my hart wat daar praat

~O~

Die nag speel wegkruipertjie my lief
soekend agter elke skadu beur ek voort
terwyl gekkepatroontjies my kul met

sien jou hier
en sien jou daar

tot ek magteloos moet hoor
een
twee
drie
geblok is jy

die nag speel
wegkruipertjie met ons lewe

met my en
met jou lewe, my lief

~O~

vanaand
rus ek in die skadu van
die maan teen my muur
dans ek saam met jou
my spookfiguur

dan speel die musiek
sy laaste akkoord
bly ek klou aan jou
my spookfiguur

~0~

die skemerhemel huppel
silwer in die maanlignag
die duister kruip verby die dag
fluister-fluister
môre is nog 'n dag

wanneer die laaste goud opwaarts straal
wag ek dat my middernag
d
a
a
l

~O~

wanneer die dag eindig
in 'n stortvloed vol emosies
en woorde nie meer die hart verlaat
is die stilte soveel meer genesend
om te luister sonder praat

hoeveel keer het ek beleef
dat stilte meer bied as 'n duisend woord'
woorde bring net hartseer
kloof die lewe oop

maar my stilte praat die taal van my hart
wat my soveel meer kan bied

~O~

amazing grace
is my daagse brood
soveel goedheid
met soveel hoop
in my hart
glo ek vanaand
dit is die engele
wat die woorde maak

soveel keer het ek gehoor
as die engele oor my gaan
dat die woorde soos een koor
tot my neerdaal

keer op keer
telkemaal

~O~

wanneer ek stip
deur my hart se venster kyk
sien ek jou so effe uit fokus
jy staan daar en die nag om jou raak ryk

ryk aan onthou
as jou mond ou woorde vorm
wat my halfpad bereik

ek proe nog die soet op jou lippe
die hunker in ons groet

en die halwe belofte
van 'n weersien

wel
eendag ...
miskien...

~O~

my huis is gevul met stilte
waar musiek my kamers deel
waar sterre saans kaalvoet
op my teëlvloer speel
en die maan skyn sy lig
en vul my hart

en in die nag bêre ek my siel
tot die dag weer breek
leef ek die lewe daagliks
volpens aan my geskenk

ek eet die lewensbrood
maar verstik ook daaraan

maar die lewensbeker
drink ek gulsig leeg

die beker wat my die lewe gee

~O~

die nag se openbaring
het my onverhoeds betrap
die speel tussen woorde

die uitpak
die inpak

my wense
begeertes
my vrese
my wese
dit wat ek wens

ek draai dit toe in vrye vers
wat my metgesel raak

hoe klein staan ek in
die nag se openbaring
met my psalms
aan die nag gehang

en weet ek my reis na môre
is reeds veilig ingepak

~O~

ek gun myself die weelde
waar die winterson my liefkoos
terwyl ek speel met ritme
om elke blommetjie te deel

ek gun myself die liefde
om met woorde te speel
terwyl ek 'n lekseltjie koffie geniet
gesels ek met woorde

gedigte is die liefde
die dankbaarheid in my
as ek saans my woorde
teen die hemel lê
en dit dan soggens aftel
en dit neersit op papier

daar gun ek myself die weelde
van 'n wintersonnetjie se straal

~O~

die nag se swart
het twyfel oor my skouers kom gooi
die dinge wat wroeg en pla in my

mense skinder en praat 'n spul twak
en dit het my oorweldig
terwyl die nag die twyfel stywer trek
weet ek net ek moet aanhou glo

en die stilte moedig my aan
ek moet bly op die pad wat ek loop

~O~

soms
is die tyd verborge
wat agter die oë skuil
as die wêreld se kyk
nie meer opwaarts draai

baie spyt is die prooi
van 'n onvervulde passie
wat lank reeds terug sy rug bly draai

verlangs wag die lewe
wie se waters ophou stroom

en verborge uit 'n skatkis
kom net 'n leë droom

~0~

vertel my meer van die lewe
die spel wat ons speel
hoekom 'n verhoog
vir toeskouers om te deel

vertel my meer van die lewe
die skaakspel en skaakmat
van bondels wasgoed
in die openbaar gewas

ek wil weet van liefde
aan die kruis bewys
al wat tog oorbly is
geloof, hoop en liefde

maar sal die liefde bly
ek het dan niks meer oor

vertel my meer
miskien sal ek tog verstaan

~O~

ek wil u nederig wy my lewe
volg waar u my begelei
saggies pleit my woorde
bid dan
bid dan ook vir my

waar berge nagwag staan
so beskerm en beskut
en winde van verandering
neerwaai hier op ons

daar vind ek my roeping
waar my knie moet buig
en laat die wil van Bo
weereens met my wees

ek wil u nederig wy my lewe
volg waar u my begelei

~O~

Nawoord

Ek leef my droom en ek speel daarin met woorde. Dit is wie ek is. Mag elkeen my speeltyd met woorde geniet soos ek dit geniet het om die stilwees in my te vind. Ons lewe gaan so gou verby en daar is min dinge wat ons kan nalaat soos woorde.

sou die nag sonder son
my met 'n slakkepas groet
en my oë se kyk
die sterre loop soek

volg jy die swart-en-wit...
die skaakmat in my oë
want sewentig maal sewe
het ek geleef

as my nag se mantel
meteens in twee sal skeur
soek my waar jy my sal vind
tussen die maan en sterre

woorde is my liefdespel
waarmee ek daar sal speel
tot ons eendag... miskien
weer sal sien

~O~